UNIVERSITÉ DE FRANCE.

ACADÉMIE DE STRASBOURG.

ACTE PUBLIC

POUR LA LICENCE,

PRÉSENTÉ

À LA FACULTÉ DE DROIT DE STRASBOURG

ET SOUTENU PUBLIQUEMENT

le Vendredi 26 Août 1859, à 3 heures,

PAR

EUGÈNE CAILLIOT,

de Strasbourg (Bas-Rhin).

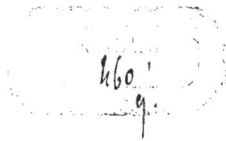

STRASBOURG,
DE L'IMPRIMERIE D'ÉDOUARD HUDER, RUE DES VEAUX, 4.
1859.

A MES PARENTS.

E. CAILLIOT.

FACULTÉ DE DROIT DE STRASBOURG.

MM. Aubry ✺ . . . . doyen et prof. de Droit civil français.
Hepp ✺ . . . . professeur de Droit des gens.
Heimburger . . . . . professeur de Droit romain.
Thieriet ✺ . . . . . professeur de Droit commercial.
Rau ✺ . . . . professeur de Droit civil français.
Eschbach ✺ . . . . . professeur de Droit civil français.
Lamache ✺ . . . . . professeur de Droit administratif.
Destrais . . . . professeur de Procédure civile et de Droit criminel.
N . . . . professeur de Droit romain.

M. Blœchel ✺ . . . . . . professeur honoraire.

MM. Lederlin , agrégé.
Marinier , professeur suppléant provisoire.

M. Bécourt , officier de l'Université, secrétaire, agent compt.

MM. Thieriet , Président de l'acte public.
Rau ,
Eschbach , } Examinateurs.
Marinier ,

La Faculté n'entend approuver ni désapprouver les opinions particulières au candidat.

JUS ROMANUM.

De naturalibus liberis et ex quibus causis legitimi efficiuntur.

(Cod. , V , 27.)

CAPUT PRIMUM.

De naturalibus liberis.

§ 1.

De concubinatu.

Liberi naturales sunt qui ex concubinatu nati sunt.

Concubinatus est maris et feminæ licita consuetudo, causa non matrimonii [1]. Hæc conjunctio, quia per leges nomen assumpsit, extra legis pœnam est [2]; stuprum autem, aut adulterium, aut incestum fit, nec concubinatus est, quum inter personas evenit, quibus nuptiæ interdicuntur.

1. Cod. 6, 57, 5.
2. D. 25, 7, 5, § 1. Marc.

Qui uxorem habet, eodem tempore concubinam habere non potest [1], neque plures simul concubinas, neque duodecim annis minorem concubinam, nec eam quæ antea patri fuit in concubinatu. Solas enim eas in concubinatu habere posse sine metu criminis permissum est feminas, in quas stuprum non committitur [2].

Concubinatus non est matrimonium. Quare obscuro loco natæ feminæ et quæ quæstum corpore faciunt, sæpissime in concubinatu sunt. Qui autem honestæ vitæ et ingenuam mulierem in concubinatu habet, cum illa justas nuptias inisse præsumitur, nisi testatione manifestum fecerit, illam solam concubinam esse, nec ad matrisfamilias dignitatem, ab eo provectam fuisse.

In concubinatu non est vir, nec uxor, nec dos, nec patria potestas.

Concubina animi destinatione [3], dignitate, et viri dilectu [4], ab uxore separatur. Non tamen intelligendum est, justas nuptias difficile a concubinatu distingui posse ; semper enim uxorem haberi oportet ingenuam et honestam mulierem, concubinam vero, in adulterio deprehensam feminam aut quæ cum administratore virit provinciæ in qua nata est [5].

Maris et feminæ consensu efficitur concubinatus, et eodem modo rursus, utraque vel una parte volente rumpitur.

Concubinatus Justiniani temporibus adhuc in moribus erat ; ab imperatore Leone sublatus est, qui leges quæ eum permiserant, in æternum silentium relegari jussit [6].

1. Paul, Sent., II, 20.
2. D. 25, 7, 1, § 1. Ulp.
3. D. 25, 7, 4. Paul.
4. Paul, Sent., II, 20.
5. C. 25, 7, 5. Paul.
6. Imp. Leon. Const. 91.

§ 2.

De statu naturalium liberorum.

Liberi qui non e justis nuptiis nascuntur, matris conditionem se-
quuntur. Quum mater in concubinatu est, quia nunquam serva esse
potest, liber quem parit ingenuus est ; quum autem mater vulgo
concepit, ingenuus aut servus nascitur liber, prout ipsa ingenua aut
serva est.

Huic tamen stricti juris principio exceptionem invenimus ; etenim
evenire potest gravidam mulierem, capite minutam esse, et ita eam
quæ ingenua concepit, servam factam fuisse, aut vice versa. Gaïus et
Ulpianus solum editionis tempus spectandum putant, quum de illis
agitur qui non legitime concipiuntur [1]. Paulus vero et Marcianus, in-
fantem semper pro nato habentes quoties de commodis ejus agitur,
eum qui in ventre est, liberam matrem vel medio tempore habuisse,
sufficere statuerunt [2]; nec ei matris calamitatem nocere, si rursus
serva fit.

Liber naturalis est paterfamilias statim ut nascitur, nam sunt patres-
familias qui sui juris sunt, sive puberes, sive impuberes ; et illi solum
in patris potestate sunt, qui ex justis nuptiis nascuntur aut legitimatione justi efficiuntur [3].

Matri, vulgo quæsitos liberos, quia semper constans est maternitas,
alendi necessitas imponitur ; sed nullam legem invenimus, qua liberis jus conceditur a patre alimenta exigendi. Attamen jurisprudentia,
naturalium liberorum auxilio veniens, quia defuncti patris successo-
res, naturales liberos [4] alere coguntur, a fortiori judicavit a vivente

1. Ulp. Reg. 5, § 10.
2. Paul, Sent. 24. — D. 1, 5, 5. Marc.
3. D. 1, 6, 4. Ulp.
4. Novel. 18, c. 5. — Novel. 89, c. 12, § 4.

patre alimenta exigi posse; a matre autem solum, quum defunctus est pater aut inopia sua minus idoneus est [1], dum ipsa est locuples.

Vicissim liberi naturales egentibus parentibus, alimenta præbere debent.

Pater testamento, filio suo naturali, in rebus quas illi reliquit, tutorem dare potest, qui vero a judice confirmandus est [2]. Quum illi nihil dedit nec reliquit, hoc jus non habet, nam liber naturalis non patriæ potestati subjicitur. In hoc casu, Justinianus matri quæ tutelam ad exemplum legitimæ sobolis subire voluerit, daturam jussit [3].

Cognatio ex justis nuptiis descendat, an vero non, matrimonio impedimentum est [4], quis enim naturalem sororem vetatur uxorem ducere [5], quis pater naturalis filiam vulgo quæsitam [6]? Tale matrimonium contra naturam est, contra pudorem.

§ 3.

De jure successionis naturalium liberorum.

Liberi ad matris intestatæ successionem, eodem ordine appellantur sive legitimi sunt, sive naturales, sive spurii. Eodem modo succedunt ex testamento. Non solum, legitimis non existentibus, admittuntur naturales et spurii, sed cum illis et eadem jura exercentes.

Itaque per matrem ad adscendentium successionem veniunt una cum legitimis [7], ita quoque de inofficioso testamento matri dicere possunt [8].

1. Novel. 117, c. 7.
2. Novel. 89, c. 14. — Const. 4. Cod. 5, 29.
3. Novel. 89, c. 14. — Cod. 5, 35. L. ult.
4. D. 23, 2.
5. D. 23, 2. L. 53 et 54.
6. L. 14, § 2, de ritu nuptiarum.
7. L. 8, unde cognati. Dig.
8. 29, § 1, de inoff. test.

Hoc tamen principium exceptione infirmatur, quum de illustris matris hæreditate agitur; illa quidem neque testamento, neque liberalitate inter vivos habita, quum legitimi existunt liberi, aliquid spuriis vel legare vel dare potest[1].

Quantum ad patris successionem spectat, naturalibus liberis in primis ab eo aliquid legari poterat. Illos deinde maxima rigore habens Constantinus, hoc jus prohibuit[2], quod vero postorea a Valente et Valentiniano restitutum fuit.

Novellæ, hanc liberorum accipiendi facultatem augentes, totam substantiam ejus naturalibus liberis transmittere patri permiserunt, cui morienti nulli supersunt legitimi liberi, nec parentes qui legitimam partem repetunt[3]; cum legitimis autem concurrentes naturales, solum ad unam unciam institui posse, quam cum matri habent[4].

Ad patris hæreditatem, qui intestatus defunctus est, legitimos et uxorem relinquens, nullo modo liberi naturales appellantur, legitima proles iis solum si inopia vel ætas requirit alimenta præbere debet[5].

Quum vero nec liberi legitimi sunt nec uxor, Constantinus naturalibus duas uncias præter alimenta concedit[6], quarum mater virilem partem accipiet.

Avo proavoque cui nulla superest legitima proles, quantum voluerit substantiæ suæ, seu legitimis liberis naturalis filii ejus, seu justi filii naturali soboli, conferre licet[7]. Etenim prohibitio a constitutionibus patri naturali, ut vitium ejus refrenatur imposita, ad avum non extendi debet.

Naturales liberi quibus iidem sunt pater et mater, inter se sicut

1. L. 5, Cod. ad Senat-Cons. Orfit.
2. Const. 1, Cod. 5, 27.
3. Auth. licet patri. Cod. de nat. lib.
4. Novel. 18, c. 5.
5. Novel. 89, c. 12, § 6.
6. Novel. 89, c. 12, § 4.
7. Cod. de nat. lib. L. ult.

legitimi succedunt, ita quoque inter se successionis jura habent, quum
ex diversis patribus concepti, ex eadem matre nati sunt ; nulla vero
quum consanguinei tantum, nam consanguinitas nec agnationem nec
cognationem format [1].

§ 4.

Quomodo defertur naturalium liberorum hæreditas.

Justinianus in naturalis liberi successione easdem transtulit regu-
las, quam in parentum ejus [2].

Quare patri duæ unciæ deferuntur, quum filius intestatus mori-
tur, sine legitima prole, quæ quum superest, totam hæreditatem ex-
hauriet.

Filius patri suo solam unam unciam legare potest testamento, quum
ipse liberos habet; quibus vero non existentibus, patrem suum in totam substantiam vocare potest.

CAPUT II.

De legitimatione.

Procemium.

Legitimatio, christianiis imperatoribus introducta, actus est, quo
liberi in concubinatu nati, in patriam potestatem redigantur [3], et legitimorum jura persequuntur. Solis naturalibus liberis hoc beneficium
confertur, nam spurios sive patrem demonstrare non possunt, sive
eum habent quem non habere licet, a legitimatione lex repellit.

1. Int. lib. 3, t. 5, § 4.
2. Novel. 89, c. 13.
1. Inst. 1, 13.

In primis temporibus, non erat in genere modus, quo pater in potestate sua filium habere posset, quem non ex justis nuptiis concepisset.

Legitimatione posterea admissa, duos jam modos, Justiniani imperatoris temporibus, invenimus, quibus ille duos alios addidit; quatuor etenim sunt legitimandi modi : per matrimonium subsequens, per oblationem curiæ per rescriptum principis, et per testamentum patris a principe confirmatum.

§ 1.

De legitimatione per matrimonium subsequens.

Hic legitimandi modus a Constantino introductus, iis solum liberis a Zenone restrictus fuit, qui antea nati erant, nec iis qui postea nascerentur [1]. Sperabat enim hujus legis effectu imperator patres qui in concubinatu vivebant, cum concubinis justas inituros esse nuptias.

Anastasius [2] legi novam vim præbens, non solum procreatos, sed procreandos postea liberos, per matrimonium subsequens legitimari jussit, quum non erant ex anteriore matrimonio legitimi.

Quos vero Justinianus, non ut impedimentum legitimationi habens [3], quasdam tamen conditiones exigit, sine quibus matrimonium nullum effectum afferre debet. Et primum spectare oportet, an conceptionis tempore, nulla lege matrimonium inter eos qui legitimare volunt, inter dicebatur; deinde dotalia instrumenta componi, aut solum nuptialia instrumenta, quæ non ut matrimonium [4] valeat, sed ut legitimatio, necessaria sunt. Denique qui ad legitimationem vocatur liberum, legitimationem approbare opportet, non enim invitus qui sui

1. Cod. 5, 27, 5.
2. Cod. 5, 27, 6.
3. Cod. 5, 27, 10.
4. Novel. 117, c. 3.

juris est alieni juri subjicitur [1]. Matrimonio cum his conditionibus contracto, non solum qui antea nati sunt justi efficiuntur, sed qui postea nascentur, legitimi sunt [2].

Justinianus principio, quod parentes conceptionis tempore, connubii jus inter se habuisse requirit, derogationem affert; non solum enim ex ingenua vel liberta [3] procreatos liberos, per matrimonium subsequens legitimos effici jussit, sed si quis ex serviente muliere susceptos liberos habuerit, hunc matrem manumittere et cum ea deinde justas inire nuptias permisit [4].

§ 2.

De legitimatione per oblationem curiæ.

Etsi maximis privilegiis fruebantur decuriones, tamen quæ illis incumbebant munera ita onerosa erant, ut Theodosii junioris et Valentiniani temporibus, paucissimi erant qui curialem dignitatem petebant.

Filius legitimus, cui pater sufficientem fortunam relinquebat, defuncto patri succedebat curiæ. Quare Theodosius et Valentinianus [5] ut novam vim curiali dignitati præbuissent, novum modum legitimandi, per oblationem curiæ introduxerunt.

Ita patrem, cui nullis existentibus legitimis liberis, naturalis est filius, hunc per curiæ oblationem legitimare posse statuerunt, ejusdemque legis beneficio fruituras esse filias, quum curialibus copularent [6].

1. Dig. 16, 11. Modest. — L. 11, D. 1, 6.
2. C. 5, 27. L. 5 et 10.
3. Novel. 18, c. 11.
4. Novel. 78, c. 4.
5. Cod. 5, 27. Const. 3 et 4.
6. L. 2, D. 50, 17.

Hanc legitimandi rationem confirmavit Justinianus, qui liberos curiæ oblatos, legitimorum vice et una cum illis ad patris successionem vocavit[1].

§ 3.

De legitimatione per principis rescriptum, et per testamentum patris a principe confirmatum.

Quum pater, cui nulla erat legitima proles, naturales liberos legitimare cuperet, nec matrem eorum, mortis aut alia causa uxorem ducere posset, aut quum ipse defunctus per testamentum liberos legitimos fieri peteret; imperator rescriptum concedebat, quo legitimorum jura consequebantur illi liberi[2].

1. Novel. 89, c. 3.
1. Novel. 89, c. 9.

DROIT CIVIL FRANÇAIS.

De la reconnaissance et de la légitimation des enfants naturels.

(Code Napoléon, art. 551 à 542.)

INTRODUCTION.

La législation française sur les enfants naturels, soumise à l'influence des temps et des mœurs, a subi pendant trois périodes bien distinctes de nombreuses transformations.

Sous le moyen âge, les enfants naturels étaient désignés par l'expression méprisante de bâtards. Traités avec la plus grande rigueur, ils étaient rejetés au rang des serfs et des aubains ; aucune filiation civile ne s'établissait entre les bâtards et leurs pères et mères.

Les lois rendues pendant ces temps de troubles et de révolutions qui précédèrent la promulgation du Code Napoléon cherchèrent à réparer les injustices du moyen âge à l'égard des enfants naturels ; mais en leur concédant des droits qui ne doivent appartenir qu'aux enfants légitimes, ils enlevèrent à la dignité du mariage son plus beau privilége, à la morale publique ses droits les plus sacrés.

Les rédacteurs du Code rendirent toute sa force à l'institution du mariage, un instant compromise. Sans tomber dans les excès des législations antérieures, ils surent allier par une sage combinaison les sentiments inspirés par l'humanité aux intérêts de la morale et de la société.

DES ENFANTS NATURELS.

Définition.

La qualification d'enfant naturel a remplacé dans le Code celle de bâtard, par laquelle la législation antérieure désignait les enfants illégitimes.

L'expression d'enfant naturel, dans son sens le plus large, s'applique à tout enfant né d'un père et d'une mère entre lesquels il n'existait pas de mariage valable au moment où il a été conçu. Dans un sens plus restreint, et c'est le plus souvent dans ce sens que le Code l'emploie, l'expression d'enfant naturel est opposée à celle d'enfant adultérin et d'enfant incestueux.

L'enfant naturel est alors celui dont les parents, au moment de sa conception, n'étaient pas valablement mariés, mais à l'union desquels ne s'opposait ni un mariage antérieur, ni un lien de parenté ou d'alliance.

Les enfants nés du commerce de deux individus dont l'un, ou chacun de son côté, était engagé avec une autre personne dans les liens du mariage, sont les enfants adultérins.

Les enfants nés du commerce de deux personnes parentes ou alliées au degré prohibé par la loi pour pouvoir contracter mariage, sont les enfants incestueux.

CHAPITRE PREMIER.

De la reconnaissance des enfants naturels.

La reconnaissance d'un enfant naturel est l'acte par lequel ses père et mère, ou l'un d'eux, établissent son origine et fixent sa filiation civile.

La reconnaissance est volontaire ou forcée. Elle est volontaire, quand celui qui la fait obéit spontanément au devoir que lui impose la nature; elle est forcée quand l'enfant est tenu pour reconnu par un jugement déclaratif de paternité ou de maternité.

SECTION PREMIÈRE.

DE LA RECONNAISSANCE VOLONTAIRE.

La recherche de la paternité ayant été repoussée par les rédacteurs du Code, la déclaration par laquelle la mère indiquait le nom du père de son enfant se trouvait sans effet. Dès lors il était de toute justice d'admettre la réciproque à l'égard de la mère.

Les orateurs du gouvernement ont embrassé ce système, et l'art. 336 est ainsi conçu : «La reconnaissance du père, sans l'indication et l'aveu de la mère, n'a d'effet qu'à l'égard du père.» Il devient bien évident par là que la reconnaissance d'un enfant naturel ne produit d'effet qu'à l'égard de celui qui l'a reconnu, et qu'il n'appartient ni au père ni à la mère de faire l'un pour l'autre une reconnaissance d'enfant naturel, sans en avoir reçu le mandat [1].

1. Zachariæ, IV, 39.

Le Code ne parle pas, dans notre titre, de la capacité qu'il faut avoir pour reconnaître un enfant naturel.

Appliquerons-nous en matière de reconnaissance les incapacités établies par l'art. 1124? Les auteurs et la jurisprudence ont généralement admis la négative. On oppose à l'application de l'art. 1124 qu'aucune disposition n'exige, pour reconnaître un enfant, la même capacité que pour contracter, et que l'art. 337, supposant à la femme mariée la faculté de reconnaître sans l'autorisation de son mari, prouve que les incapables ne sont pas privés d'une manière générale de la faculté de reconnaître.

Un mineur peut-il valablement reconnaître son enfant naturel? Les auteurs et la jurisprudence décident l'affirmative; mais doit-il être représenté par son tuteur?

Nous pensons que le droit de reconnaître est une faculté trop essentiellement personnelle pour que le mandat légal du tuteur puisse lui donner le droit de l'exercer[1]. Cette intervention du tuteur est tout à fait inutile. Le mineur seul est à même de lever le doute et l'incertitude dont le fait de la paternité est enveloppé.

Les motifs pour lesquels on repousse l'application de l'art. 1124, quand il s'agit de la reconnaissance faite par le mineur, sont également applicables à celle de l'individu pourvu d'un conseil judiciaire, et à celui qui a été judiciairement interdit. Nous ajouterons même dans ce dernier cas, que le fou, le furieux pouvant avoir des enfants légitimes, doit à plus forte raison être admis à reconnaître, dans un moment lucide, ses enfants illégitimes.

Que déciderons-nous de la femme mariée, peut-elle reconnaître sans l'autorisation de son mari ou de la justice? Cette question ne souffre pas la moindre difficulté, car parmi les arguments que nous avons opposés à l'art. 1124, le plus puissant est celui résultant de l'art. 337, et s'appliquant spécialement à la femme mariée. Il découle en effet

1. Loiseau, p. 486.

tout naturellement de l'inefficacité que cet article attache à la reconnaissance faite par la femme pendant son mariage, à l'égard de son conjoint, qu'elle peut avoir lieu et produire des effets à l'égard de tout autre que le conjoint et ses enfants [1].

La reconnaissance ne fait que déclarer des rapports de filiation déjà établis. C'est un acte unilatéral, qui profite plus à l'enfant reconnu qu'à l'auteur de la reconnaissance. Le consentement d'une des parties est donc suffisant pour son accomplissement, et l'art. 334, en permettant de faire la reconnaissance dans l'acte de naissance, prouve clairement que le consentement de l'enfant n'est pas nécessaire.

Nous croyons même qu'il faut décider la question dans le même sens, quand l'enfant s'oppose à la reconnaissance. En effet, le Code n'indique nulle part que le consentement de l'enfant soit nécessaire ; bien au contraire, en lui donnant le droit de contester la reconnaissance [2], il lui refuse par là celui de s'y opposer sans motif ; et ce n'est qu'en prouvant que le père qui l'a reconnu n'est pas le sien, ou que l'acte est contraire à la loi, qu'il peut faire annuler la reconnaissance.

L'enfant conçu peut être reconnu à quelque époque que ce soit, avant sa naissance ou après sa mort.

Nous avons vu les cas particuliers qui peuvent se présenter pendant la vie de l'enfant. L'enfant simplement conçu est réputé né par la maxime : *conceptus pro nato habetur quoties de commodis ejus agitur* ; il devra donc être soumis aux règles que nous venons d'exposer.

Il ne nous reste plus à étudier que la reconnaissance de l'enfant naturel décédé.

Deux cas se présentent : 1° L'enfant décédé laisse des descendants. Il est évident que la reconnaissance pourra avoir lieu à leur profit, car l'art. 332 permettant de les faire jouir du bénéfice de la légitimation de leur père décédé, ils devront à plus forte raison être admis à re-

1. Aubry et Rau, IV, 42, n° 10. — Delvincourt, I, 247.
2. Art. 339.

cueillir les droits que confère la reconnaissance, sans préjudice toutefois des droits acquis à des tiers. 2° L'enfant décédé ne laisse pas de descendants. Ici la question est moins facile à résoudre. La conclusion ne découle pas en effet, comme pour le premier cas, des termes mêmes de la loi; au contraire, on s'est servi de l'art. 332 qui restreint la légitimation faite après le décès de l'enfant, au cas ou il a laissé des descendants, pour décider que cette restriction doit également être attachée à la reconnaissance. Nous répondrons que la reconnaissance que le père fait de son enfant est l'accomplissement d'un devoir sacré, qu'il n'appartient à personne de le priver de ce droit. En effet, l'art. 328 déclarant imprescriptible l'action en réclamation d'état, à l'égard de l'enfant, il est juste d'accorder la même faveur au père qui veut déclarer sa paternité. Cette reconnaissance ne nuira du reste à personne, car ce n'est qu'au cas où la succession de l'enfant n'aura pas été recueillie par ceux auxquels elle aura été déférée à son décès, que le père ou la mère pourront réclamer son hérédité. Ce principe n'est pas en opposition avec l'imprescriptibilité que nous avons attachée au droit de reconnaître : autre chose est la validité de la reconnaissance, autre chose l'étendue de ses effets [1]. L'état de l'enfant est imprescriptible, mais non les droits pécuniaires qui en dérivent.

Le législateur, dans sa sollicitude pour les enfants naturels, a exigé que l'acte important de leur reconnaissance fût conservé dans des dépôts publics.

L'art. 334 est conçu en ces termes : «La reconnaissance d'un enfant naturel sera faite par un acte authentique, lorsqu'elle ne l'aura pas été dans son acte de naissance.» C'était, en effet, le moyen d'arriver au double but, de garantir la liberté du consentement par la présence d'un officier public, et de donner à l'acte une date certaine.

D'après l'art. 1317, l'acte authentique est celui qui a été reçu par un officier public ayant le droit d'instrumenter dans le lieu où l'acte

1. Aubry et Rau, t. IV, p. 46, n° 28.

a été rédigé, et avec les solennités requises. Pour comprendre cet article, nous sommes donc obligés de rechercher quels sont les officiers
publics compétents.

La qualité d'authenticité étant la seule exigée, il en résulte que
tous les fonctionnaires publics établis pour recevoir les actes et con-
trats, auxquels les parties veulent donner le caractère d'authenticité
attribué aux actes de l'autorité, sont compétents pour recevoir les re-
connaissances d'enfants naturels.

En première ligne, l'art. 1er de la loi du 25 ventose an XI confère
cette qualité aux notaires ; leur compétence est donc incontestable. Il
résulte encore de l'art. 334 qu'un aveu fait devant les tribunaux, ou
une simple déclaration constatée par le juge, imprime à l'acte le caractère d'authenticité, et suffit pour constituer une reconnaissance valable ; mais ce principe ne peut s'appliquer qu'à l'autorité judiciaire, les
fonctionnaires de l'ordre administratif, en dehors des actes adminis-
tratifs n'ont aucune compétence et redeviennent simples particuliers [1].

Le juge de paix, dans ses fonctions de conciliateur, est officier public,
et le caractère d'authenticité, exigé par l'art. 324, est également im-
primé à ses actes ; mais nous ne l'accorderons qu'aux seuls actes qu'il
fait au bureau de conciliation. M. Loiseau s'appuie sur le titre X de
la loi du 14 août 1790, pour imprimer le caractère d'authenticité aux
actes rendus par le juge de paix, même dans le cas où il ne rend plus
justice. Cette loi a en effet accordé au juge de paix la qualité que
l'art. 1317 exige de la part de l'officier public pour l'authenticité de
l'acte, mais cet argument tombe de lui-même, car le titre X de cette
loi est exclusif au juge de paix remplissant les fonctions de conciliateur.

La rédaction de l'art. 334 exige sans réplique l'authenticité de l'acte
renfermant la reconnaissance ; il en résulte qu'il faut admettre en

___

1. Loiseau, 452.

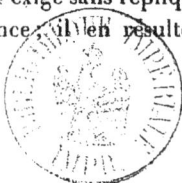

principe que la reconnaissance faite par acte sous seing privé est nul'e.

Quelques hypothèses se présentent sur lesquelles les auteurs sont partagés ; nous allons examiner les plus importantes.

Que décider de la reconnaissance consignée dans un testament olographe? Nous croyons que cette reconnaissance devra être rejetée, car il nous semble que le caractère essentiel de l'acte, l'authenticité, lui manque. Le testament olographe est l'œuvre d'un particulier et n'est assujetti à aucune formalité[1]; il ne remplit donc pas les conditions exigées par l'art. 1317.

Nous assimilerons sous ce rapport le testament mystique au testament olographe. Ce testament, quoique présenté devant notaires et témoins, ne doit pas être regardé comme un acte authentique; l'acte de suscription est l'accomplissement d'une formalité extérieure, qui ne peut pas communiquer son caractère au testament. Il résulte de là que si la signature du testateur est méconnue, on devra procéder à la vérification des écritures et non passer à l'inscription de faux; car s'il est vrai que l'acte de suscription constate, jusqu'à inscription de faux, la déclaration du testateur que l'écrit qu'il présente a été signé par lui, il ne constate pas la vérité du fait déclaré. Ce que nous venons de dire au sujet du testament mystique, nous l'appliquerons au cas de reconnaissance contenue dans un acte sous seing privé, déposé entre les mains d'un notaire. Un simple acte de dépôt, qui ne contiendrait pas la copie littérale ou du moins la relation de la teneur de l'acte de reconnaissance, ne serait pas suffisant pour rendre authentique l'acte de reconnaissance. Ici encore l'acte de dépôt est bien authentique, mais il ne prouve pas l'authenticité de l'acte déposé, qui peut fort bien être nul. Le dépôt, en ce cas, ne sert qu'à conserver l'acte et à lui donner date certaine[2].

---

1. Art. 970.
2. Aubry et Rau, p. 55, n° 20, t. IV.

La reconnaissance d'un enfant naturel faite régulièrement est irré-
vocable et produit des effets tant à l'égard de celui qui l'a faite qu'à
l'égard de l'enfant et des tiers [1].

L'art. 337 apporte une exception à ce principe. La reconnaissance
faite par un des époux pendant le mariage, au profit d'un enfant qu'il
aurait eu avant son mariage d'un autre que son conjoint, ne peut
nuire ni à ce conjoint, ni à ses enfants. Il ne doit pas, en effet, dé-
pendre de l'un des époux de changer le sort de sa famille légitime, en
reconnaissant des enfants naturels qui viendraient réclamer leur part
de ses biens.

Nous ne croyons pas cependant que l'enfant reconnu dans les circonstances de l'art. 337 ne puisse réclamer de l'auteur de sa reconnaissance les aliments que la loi accorde même aux fruits de l'adultère et de l'inceste [2]; mais il est à remarquer que, dans le cas où la reconnaissance aura été faite par la femme, l'enfant ne pourra réclamer
les aliments qui lui sont dus que sur les biens paraphernaux de sa
mère [3]. Si, au contraire, l'obligation est imposée au mari, il doit l'ac-
quitter sur tous ses biens, même sur ceux de la communauté, que la
loi lui donne le droit d'administrer, de vendre et d'hypothéquer [4].

L'art. 337 consacrant une exception, il importe de ne pas lui donner plus d'extension que ne l'a voulu le législateur. L'inefficacité de la
reconnaissance faite dans le cas de l'art. 337 ne doit donc pas profiter
aux enfants que l'auteur de la reconnaissance aurait eus d'un précé-
dent mariage; la faveur de la loi est personnelle à ce conjoint et à ses
enfants.

De même, en se conformant au texte de la loi, il faut rendre tous
ses effets à la reconnaissance faite après la dissolution du mariage. La

1. Zachariæ, t. IV, p. 62. — Loiseau, p. 525.
2. Art. 752.
3. Art. 1576.
4. Art. 1421.

prohibition contenue dans l'art. 337 est un hommage que le législateur a rendu à l'institution du mariage ; elle a été établie plus en considération de l'époux qui, en se mariant, ignorait la préexistence de
l'enfant naturel de son conjoint, qu'en faveur des enfants nés de ce
mariage. D'un autre côté, la loi permettant à l'époux devenu veuf de
légitimer l'enfant qu'il aurait eu avant son mariage, il doit à plus
forte raison lui être permis de le reconnaître, car la légitimation ne
saurait exister sans la reconnaissance[1].

Le Code Napoléon ne parle pas de la reconnaissance d'un enfant
naturel faite pendant le mariage de ses père et mère. Il est vrai que
cet enfant ne pourra être légitimé, s'il n'a été reconnu au moment de
la célébration du mariage ; mais de ce que la loi restreigne ainsi le
droit de légitimer des pères et mères, il ne s'en suit pas qu'il faille
étendre cette restriction à la reconnaissance, qui produit des effets bien
moins considérables[2]. Du reste, l'art. 337 établit une exception, et du
moment qu'elle n'est plus applicable, nous rentrons dans la règle générale.

Une dernière question qu'a fait naître l'art. 337 est celle de savoir
si la prohibition qu'il renferme est applicable à la reconnaissance
forcée.

Le seul moyen de résoudre cette question est de s'assurer du sens
que le législateur a attaché à l'expression de reconnaissance. Les termes
de reconnaissance volontaire et de reconnaissance forcée ont été in-
troduits par la doctrine ; le Code ne les a pas consacrés. Il ne faut
donc pas conclure de leur absence dans le Code que le législateur ait
entendu donner au mot reconnaissance une expression générale ;
bien au contraire, il nous semble, par l'ensemble des dispositions et
surtout par le rapprochement des art. 335 et 342, que le mot de re-

1. Loiseau, 440.
2. Toullier, II, 960.

connaissance ne doit s'appliquer qu'à la reconnaissance volontaire[1]. En décidant la question autrement, la disposition de l'art. 342 devient inutile et peut être suppléée par l'art. 335.

1.

De la recherche de la paternité.

La recherche de la paternité est interdite formellement par l'art. 340. C'est peut-être un des plus grands progrès de notre nouvelle législation. Avant l'établissement de ce principe, les tribunaux étaient assiégés par des réclamations continuelles de paternité, qui venaient jeter le trouble dans les familles.

Des femmes perdues, mues par de honteuses spéculations venaient attaquer l'honneur d'hommes éminents et taxaient leur silence. Malgré le voile impénétrable de la paternité, malgré le scandale qu'une pareille recherche pouvait faire naître, des enfants adultérins et incestueux étaient admis, pour établir leur filiation, à prouver le crime de leur père. Ces procès honteux ont cessé; la recherche de la paternité est interdite[2].

Ce principe est absolu et ne souffre qu'une seule exception, c'est dans le cas d'enlèvement; mais la loi, pour plus de sûreté, exige, pour que la recherche de la paternité soit admissible, que l'époque de la conception coïncide avec celle de l'enlèvement. Les tribunaux ont du

1. Aubry et Rau, IV, p. 58, n° 12. Toullier, II, 958. Duranton, III, 255.
2. Rapport de M. Lahary, tribun. (Loiseau, p. 372.)

reste à apprécier les conséquences possibles de l'enlèvement, d'après les circonstances particulières du rapt, de l'âge de la victime, de son éducation et de sa conduite, et pourront rejeter la demande, même dans le cas où l'époque de la conception, fondée sur les présomptions de la loi [1], coïnciderait avec le temps de la séquestration.

Les auteurs sont divisés sur la question de savoir si le viol rentre dans l'exception de l'art. 340 ; nous ne le pensons pas. L'art. 340 est limitatif au cas d'enlèvement, et on ne peut admettre que ce soit par simple oubli que le législateur n'ait pas parlé du viol [2]. Il est évident que dans le cas de viol il y a eu rapprochement entre l'auteur du viol et sa victime ; dans le cas d'enlèvement le fait n'est pas aussi certain ; mais le laps de temps pendant lequel le ravisseur a eu la femme enlevée en son pouvoir étant beaucoup plus long que dans le cas de viol, les présomptions qu'on peut en tirer contre lui, pour lui attribuer le fait de la paternité, doivent avoir plus de force et acquérir plus de gravité, à mesure que le temps de la séquestration aura été prolongé.

2.

De la recherche de la maternité.

Le fait de la maternité se manifestant par des signes extérieurs, par des faits positifs, tels que la grossesse et l'accouchement, le législateur n'a pas cru devoir abandonner la reconnaissance de l'enfant naturel au libre arbitre de la mère, et il a décidé, dans l'intérêt de l'enfant, que la preuve de la maternité serait admise tant par écrit que par témoins (art. 341).

Cependant, pour éviter le scandale que pourraient faire naître des prétentions sans fondement, de la part d'un individu recherchant sa

1. Art. 312, 314, 315.
2. Aubry et Rau, t. IV, 72, n° 13.

mère, la loi a déclaré qu'il ne serait reçu à prouver qu'une femme est
sa mère que lorsqu'il aurait entre ses mains un écrit émanant d'elle,
dans lequel, soit directement, soit indirectement, elle avouerait sa maternité. En ce cas, toute considération par laquelle ou voudrait lui
éviter la honte que fera rejaillir sur elle l'évidence de sa maternité doit
s'évanouir, et l'enfant est admis à prouver que cette femme est sa
mère.

La loi s'est montrée sage et prudente, en exigeant un commencement de preuve par écrit ; il est rare, en effet, qu'il n'existe pas quel-
qu'écrit, par lequel la mère parle de son accouchement ou des soins
donnés à son enfant. Celui qui veut être admis à la recherche de la
maternité doit prouver deux faits, l'accouchement de la femme qu'il
prétend sa mère, et son identité avec l'enfant dont elle est accouchée [1].

Ces deux faits ne peuvent être prouvés par témoins que lorsqu'il
existe déjà un commencement de preuve par écrit.

Le commencement de preuve par écrit est tout acte émané de la
personne contre laquelle la demande est formée, ou de celle qu'elle
représente, et qui rend vraisemblable le fait allégué. Il résulte de cette
définition, que l'acte de naissance d'un enfant inscrit sur les registres
de l'état civil, et auquel la mère n'aurait pas participé, ne pourra servir de commencement de preuve par écrit ; car on ne peut opposer
à une personne un écrit émané d'un tiers. L'acte de naissance, quoi-
qu'ayant été reçu devant un officier public, aura ici moins de force
que l'acte de reconnaissance fait par la mère sous seing privé. Que
prouve l'acte inscrit sur les registre de l'état civil ? La naissance de l'enfant, mais non l'accouchement de la femme qu'on dit être sa mère [2],
et qui, souvent inconnue à ceux chez lesquels elle s'est retirée pour
cacher sa grossesse, leur donne un faux nom pour sauver son honneur.

1. Zachariæ, t. IV, p. 74.
2. Aubry et Rau, t. IV, n° 13.

On a diversement interprété l'art. 341, quant à la manière dont
doit se faire la preuve de l'accouchement. On [1] a prétendu d'un côté
que le commencement de preuve par écrit exigé pour constater l'identité, ne l'était pas pour prouver l'accouchement, dont la preuve pouvait se faire par témoins. D'autre part [2] on a rejeté toute preuve d'accouchement qui ne serait pas fournie par écrit. Le dernier alinéa de
l'art. 341 nous semble cependant s'appliquer autant à l'accouchement
qu'à l'identité, et nous croyons qu'il faut l'interpréter en ce sens [3] ;
seulement l'écrit devant servir de commencement de preuve de l'accouchement, sera plus facile à trouver que celui qui pourra constater
l'identité. L'écrit établissant l'accouchement peut s'appliquer à tout
enfant ; tandis que celui sur lequel on s'appuiera pour prouver l'identité
devra être direct et relatif à la personne et non applicable à plusieurs.
Cet écrit devra donc se rapporter uniquement à l'enfant qui veut s'en
prévaloir, et être conforme, non à l'état qu'il possède au jour de la
demande, mais bien à celui dont il jouissait à l'époque de la date de
l'écrit.

On [4] a soutenu que l'identité ne pouvait être prouvée que quand le
fait de l'accouchement était déjà établi ; mais on ne peut tirer de l'art.
341 cette conclusion, car le fait que cet article impose à l'enfant est
autant la preuve de l'identité que celle de l'accouchement. Il faut donc
tout au moins admettre que la preuve de ces faits pourra se faire cu-
mulativement.

La preuve testimoniale de l'identité n'est recevable, avons-nous dit,
qu'autant qu'il existe un commencement de preuve par écrit ; mais ce
commencement de preuve n'est plus exigé, et l'identité se trouve éta-

---

1. Delvincourt, I, 90, n° 1.
2. Toullier, II, n° 942. — Rolland de Villargues, n° 275.
3. Aubry et Rau, IV, p. 79, n° 11. Duranton, III, n° 240. Marcadé, art. 341.
Demolombe, V, 500.
4. Toullier, II, 942.

blie de plein droit quand, le fait de l'accouchement prouvé, l'enfant qui réclame sa mère jouit auprès d'elle de la possession constante de l'état d'enfant naturel.

L'opinion des auteurs varie sur ce point. La possession constante de l'état d'enfant naturel a été considérée comme une preuve suffisante de la filiation naturelle d'un individu, sans qu'il soit besoin de prouver l'accouchement [1]. En décidant la question de cette manière, on rentre dans l'art. 319 qui s'occupe exclusivement des enfants légitimes ; mais doit-on étendre aux enfants naturels les règles de la filiation légitime? Certains auteurs l'ont pensé, malgré les moyens spéciaux établis par le Code pour fixer la filiation naturelle.

Nous ne croyons pas devoir admettre cette opinion, car l'art. 341 nous paraît formel ; il exige la constatation du fait principal, c'est-à-dire de l'accouchement, la possession d'état ne forme qu'une présomption très-incertaine de la maternité. En admettant que la filiation de l'enfant qui possède l'état d'enfant naturel est toute prouvée par le seul fait de cette possession, et qu'il n'a pas besoin d'autre preuve, on est conduit à appliquer ce raisonnement à la paternité ; car on ne pourrait admettre qu'il ait été dans l'intention des rédacteurs du Code de faire servir la possession constante d'enfant naturel à la recherche de la maternité, et non à celle de la paternité, que l'art. 340 prohibe formellement.

Toute personne intéressée est admise à la recherche de la maternité aussi bien que cet enfant lui-même ; la rédaction de l'art. 341 ne parlant que de l'enfant semble écarter les tiers ; mais les termes de cet article ne sont qu'énonciatifs et non limitatifs [2]. L'art. 340, en admettant à la recherche de la paternité, dans le cas où elle est exceptionnellement permise, tout tiers intéressé, le législateur ne pouvait avoir de motifs sérieux pour restreindre à l'enfant seul le droit de recherche

1. Demolombe, V, 480.
2. Aubry et Rau, p. 73, n° 1, t. IV.

de la maternité, il est probable qu'il n'a eu en vue que le cas le plus fréquent.

Le domaine des choses qui sont dans le commerce[1] étant seul soumis aux transactions et à la prescription, le droit que les art. 340 et 341 donnent à l'enfant naturel pour la recherche de la paternité et de la maternité ne s'éteint jamais, car il ne peut l'abandonner de sa propre volonté, ni le perdre au bout d'un certain laps de temps. Il en est toutefois autrement des tiers intéressés qui, dans le cas des art. 340 et 341, n'ont jamais en vue que des intérêts pécuniaires. Leur droit est prescrit au bout de trente ans.

L'art. 342 vient apporter une nouvelle restriction aux deux articles précédents, en prohibant la recherche de la paternité contre le ravisseur d'une femme mariée, et celle de la maternité qui devrait constater une filiation adultérine ou incestueuse. La recherche de la maternité est cependant permise contre une femme mariée, si la conception est antérieure à la célébration du mariage[2].

SECTION III.

DES EFFETS DE LA RECONNAISSANCE.

Les droits réciproques des enfants naturels et de leurs pères et mères, les uns à l'égard des autres, n'ont pas été traités au chapitre des enfants naturels, et nous sommes obligés de recourir aux dispositions éparses dans le Code[3].

L'enfant naturel suit la condition de celui de ses père et mère qui l'a reconnu; au cas où tous deux l'ont reconnu, le droit du père l'emporte sur celui de la mère.

1. Art. 226.
2. Toullier, 947, t. II.
3. Art. 158, 338, 383, 756 et suivants.

L'art. 332 accorde aux parents d'un enfant reconnu le droit de correction, concédé par les art. 376 et suivants au père d'un enfant légitime. L'art. 386 l'accorde à la mère survivante non remariée, au cas où elle a seul reconnu son enfant naturel; mais il ne lui permet d'exercer ce droit, même au cas où l'enfant a moins de seize ans, que par voie de réquisition (art. 384). Les tribunaux ont, du reste, un pouvoir discrétionnaire par lequel ils peuvent modifier, suivant l'intérêt de l'enfant, l'exercice des droits que ses parents possèdent sur lui.

L'enfant mineur naturel est constitué en tutelle; il a, plus encore que l'enfant légitime, besoin d'un protecteur. Au cas où le père a reconnu son enfant, il est son tuteur de plein droit, et comme il est tenu à son égard des mêmes obligations qu'envers l'enfant légitime, on doit lui appliquer les mêmes principes que s'il était son père légitime. Si la mère seule a fait la reconnaissance, c'est à elle qu'appartiendra la tutelle.

Les règles relatives au mariage des enfants légitimes sont applicables à celui des enfants naturels [1].

Les parents d'un enfant naturel, qui veut se faire adopter ou se soumettre à une tutelle officieuse, ont le droit de lui refuser leur consentement, comme s'il était légitime.

La loi n'accorde pas aux père et mère d'un enfant naturel d'usufruit légal sur ses biens. Le droit de correction que l'art. 383 accorde aux parents est un droit résultant des devoirs que leur impose l'éducation des enfants naturels; l'usufruit est un avantage accordé au père pendant le mariage (art. 389), et au survivant des père et mère après la dissolution. Les termes de l'article sont clairs et précis, et aucune disposition postérieure n'en étend les effets aux parents d'un enfant naturel [2].

L'art. 201 du Code Napoléon impose aux parents l'obligation de

1. Arg. art. 158 cbn., 148, 149, 151, 152, 153 et suiv.
2. Duranton, III, 360-364. — Delvincourt, I, p. 250.

nourrir leurs enfants légitimes; l'art. 205 rend cette obligation réciproque de la part des enfants; mais la loi se tait de nouveau à l'égard des enfants naturels. Il a cependant toujours été résolu, et par tous les auteurs, et par tous les arrêts, que cette question ne pouvait souffrir de controverse, et que l'art. 762 accordant des aliments aux enfants adultérins et incestueux, il était sans aucun doute dans la pensée du législateur de ne pas traiter avec plus de rigueur les enfants naturels.

CHAPITRE II.

De la légitimation.

La légitimation est une fiction de la loi, qui a pour effet de faire considérer les enfants naturels comme légitimes, par suite du mariage de leurs père et mère.

Il résulte de l'art. 331 que la légitimation peut avoir lieu au profit de tout enfant né hors mariage, sans qu'il soit nécessaire que ses parents aient pu se marier au moment de la conception. La loi n'établit d'exception que pour les fruits de l'adultère et de l'inceste.

Le Droit romain admettait quatre modes de légitimation; le Droit civil français n'admet que la légitimation par mariage subséquent.

L'intérêt des mœurs et l'avenir de ces enfants ont concouru à faire introduire dans notre Code ce mode de légitimation, qui offre des avantages assez réels pour porter les parents d'un enfant naturel à réparer l'irrégularité de leur conduite en contractant une union sainte et respectée.

L'art. 331 du Code Napoleon exige pour la légitimation d'un enfant naturel trois conditions : que l'enfant soit susceptible d'être légitimé, qu'il ait été reconnu par ses père et mère, enfin qu'un mariage soit célébré entre eux.

L'art. 331 étant formel, nous en déduirons ces principes quant à l'adultère et à l'inceste. L'enfant né de deux personnes dont l'une, au moment de la conception, était engagée dans d'autres liens, ne pourra être légitimé par le mariage subséquent de ses père et mère, devenus libres de contracter cette union. L'enfant né de deux personnes parentes ou alliées au degré prohibé pour pouvoir contracter mariage, ne pourra être légitimé par le mariage subséquent de ses père et mère.

Le Code ne parle pas du cas de dispense, mais nous pensons qu'il faut résoudre la question ainsi : l'art. 331 prohibe la légitimation de l'enfant incestueux par mariage subséquent; or, le mariage entre deux personnes parentes ne peut avoir lieu qu'au moyen d'une dispense ; c'est donc évidemment ce cas que l'art. 331 a en vue, sans quoi cette disposition serait sans conséquence.

Cette question n'a pourtant pas toujours été résolue dans ce sens, et beaucoup d'auteurs ont admis la légitimation, en se fondant sur cette idée qu'il n'est pas admissible que le législateur ait voulu que, parmi les enfants nés des mêmes personnes, les uns soient incestueux et les autres légitimes. Cette objection est séduisante ; mais le Code est trop formel pour pouvoir l'admettre [1] ; les commentateurs doivent se borner à critiquer cette disposition, mais ils ne peuvent la modifier.

L'enfant né de deux personnes qui, au moment de la conception, n'avaient pas l'âge requis pour le mariage, peut-il être légitimé?

L'art. 331 ne prive du bénéfice de la légitimation que les incestueux et les adultérins; le défaut d'âge n'est qu'un empêchement momentané. Nous croyons donc que cet enfant pourra être légitimé; d'ailleurs la loi, en fixant un âge pour le mariage, se fonde sur la présomption que l'homme avant dix-huit ans et la femme avant quinze ans ne peuvent procréer, et ce principe recevant ici un démenti de la nature, devra s'évanouir devant l'évidence du fait.

---

1. Marcadé, art. 331. — Rolland de Villargues, Enf. nat., n° 199. — Demolombe, n°s 334 et 335. — Aubry et Rau, III, 672.

Un mariage intermédiaire n'empêche pas que les enfants nés antérieurement à ce mariage puissent être légitimés par le mariage subséquent de leurs père et mère. Le mariage intermédiaire sera considéré comme n'ayant pas existé; il en sera pourtant autrement au cas où il existe des enfants du mariage intermédiaire. L'enfant légitime né de ce mariage intermédiaire, quoique plus jeune en réalité que l'enfant naturel légitimé, sera envisagé comme l'aîné, et profitera de cette fiction, au cas où il existerait un legs fait à l'aîné ou un majorat.

L'art. 332 a érigé en loi l'opinion de Pothier sur l'effet du mariage subséquent du père et de la mère d'un enfant naturel prédécédé, quant à ses enfants légitimes. De nombreux auteurs, avant le Code, avaient adopté la négative, et soutenaient que l'enfant naturel ne pouvait transmettre à ses descendants une qualité qu'il n'avait pas lui-même; mais la rédaction de l'art. 333 est venue mettre fin à toute controverse sur ce point.

Le mariage subséquent du père et de la mère n'opère pas de plein droit la légitimation; il faut que l'enfant ait été reconnu par l'un et l'autre, au plus tard dans l'acte de célébration du mariage. La reconnaissance faite postérieurement par les deux époux est valable comme reconnaissance, mais elle n'entraîne pas la légitimation.

La légitimation s'opère par suite de tout mariage qui produit des effets civils; elle résulte donc du mariage *in extremis*, comme du mariage putatif. Dans le premier cas, la nouvelle législation a rejeté le principe de l'ancienne jurisprudence, qui refusait tout effet civil au mariage *in extremis*. Dans le second cas, la loi accordant d'une manière formelle tous les effets d'un mariage valable aux enfants et à celui des époux qui était de bonne foi, la légitimité doit être admise sans aucun doute, car elle est un des effets du mariage.

La légitimation n'a aucun effet rétroactif; elle ne concède des droits qu'à partir du jour de la célébration du mariage; mais à partir de cette époque l'enfant légitimé est en tous points assimilé à l'enfant né en légitime mariage.

APPENDICE.

Des enfants adultérins et incestueux.

Nous avons divisé les enfants naturels en enfants naturels proprement dits et en enfants adultérins et incestueux. Ces deux classes sont bien distinctes.

Tandis que la tache originelle des enfants naturels peut être effacée, tandis qu'il est donné aux parents de ces enfants de réparer leur faute, en leur rendant toutes les prérogatives que donne dans la société la qualité d'enfant légitime, les enfants adultérins et incestueux sont condamnés pendant toute leur vie à végéter sans famille et sans soutien.

La loi a toujours considéré l'inceste et l'adultère comme de ces fautes qui ne peuvent se réparer, et s'est armée de toute sa sévérité pour enlever à ces enfants de la honte le bienfait de la reconnaissance et de la légitimation. Ce système de répression peut d'abord paraître injuste, car le châtiment retombe sur des victimes innocentes; mais le législateur a pensé que le sentiment le plus vulnérable d'un père et d'une mère devait être leur affection pour leurs enfants, et que le plus sûr moyen d'arriver à son but était d'attaquer l'adultère et l'inceste jusque dans ses effets, en condamnant les fruits de ces unions à traîner sous les yeux mêmes de leurs parents une existence à tous moments entravée dans ses droits.

La reconnaissance volontaire et la recherche de paternité et de maternité, qui devraient avoir pour résultat de constater des rapports de filiation adultérine ou incestueuse, sont proscrites par le Code (art. 335 et 342).

L'action judiciaire d'un enfant adultérin ou incestueux, prouvant le délit de celui qu'il revendique pour l'auteur de ses jours, aurait souleve un trop grand scandale, pour avoir pu être admise dans notre législation. Mais malgré le soin que la loi a pris de laisser secrète la filiation adultérine et incestueuse, elle peut devenir évidente par la force même des choses et être légalement constatée. C'est ce qui arrive dans le cas de désaveu, quand il a été judiciairement prouvé que le mari n'est pas le père de l'enfant de sa femme, ou encore dans le cas où deux personnes parentes au degré prohibé ont contracté un mariage qui a été annulé après la naissance d'un enfant.

Les enfants adultérins ou incestueux n'ont aucun droit à exercer sur la succession de leurs père et mère ; et le droit que leur accorde l'art. 762 de demander des aliments ne s'applique qu'aux cas que nous venons de parcourir, c'est-à-dire quand leur filiation est constatée par justice.

DROIT ADMINISTRATIF.

De l'organisation de l'instruction primaire.

CHAPITRE PREMIER.

Administration générale de l'instruction primaire.

Le service de l'instruction primaire est confié, pour ce qui concerne le gouvernement intellectuel et moral de l'enseignement, aux recteurs, pour la partie politique et administrative aux préfets.

Ces deux autorités viennent se fondre en la personne de l'inspecteur d'académie, qui correspond à la fois avec le recteur et avec le préfet et est tenu de présenter, à chacun de ces fonctionnaires, des rapports sur la partie qui les concerne spécialement.

De l'inspecteur d'académie relèvent les inspecteurs de l'instruction primaire, qui sont immédiatement sous ses ordres.

A côté du recteur, du préfet et de l'inspecteur d'académie se trouve établi le conseil départemental de l'instruction publique, qui statue et prend des décisions, tant en matière administrative qu'en matière contentieuse et en matière disciplinaire.

CHAPITRE II.

Personnel de l'instruction primaire.

SECTION PREMIÈRE.

INSPECTEURS D'ARRONDISSEMENT.

Pour pouvoir arriver aux fonctions d'inspecteur de l'instruction primaire, il faut avoir subi un examen, dont le programme est réglé par un arrêté ministériel du 16 décembre 1850. Ne sont admis à subir cette épreuve que les candidats âgés de vingt cinq ans qui présentent un diplôme de bachelier ès-lettres et peuvent justifier de dix années d'exercice dans l'enseignement.

L'inspecteur reçoit tous les trois mois du préfet la liste des écoles qu'il devra inspecter pendant le trimestre suivant, à la fin duquel il remettra à l'inspecteur d'académie un rapport sur la situation de l'instruction primaire dans les communes qu'il a parcourues, et lui donnera son avis sur les modifications à apporter.

SECTION II

DES DÉLÉGUÉS CANTONAUX.

Les inspecteurs de l'instruction primaire constituent la partie officielle de l'inspection. La loi a placé à côté d'eux une surveillance locale et qui doit se faire sentir tous les jours, par l'entremise des délégués cantonaux, des maires et des ministres des cultes.

Les délégués cantonaux sont désignés par le conseil départemental; il s'ensuit qu'ils ne sont pas fonctionnaires et ne dépendent pas de l'inspecteur d'arrondissement. Placés à côté des écoles, ils sont plus à même que l'inspecteur de recueillir les faits isolés qui intéressent l'enseignement dans leur canton, et doivent, par leurprésence continuelle, modifier ce que la surveillance de l'inspecteur d'arrondissement pourrait avoir de trop général.

CHAPITRE III.

Des établissements de l'instruction primaire.

SECTION PREMIÈRE.

§ 1er.

Écoles normales.

Chaque département doit posséder une école normale dans laquelle se forment les jeunes gens qui aspirent à devenir instituteurs communaux. Les trois années qu'ils passent dans cette école sont employées à développer leurs bons instincts par une instruction morale et religieuse.

On leur enseigne la lecture, l'écriture, les éléments de la langue française, le calcul et le système légal des poids et mesures, le chant, tandis qu'en même temps des écoles primaires annexées aux écoles normales sont destinées à exercer les élèves-maîtres à la pratique des méthodes d'enseignement.

§ 2.

Directeurs d'écoles normales.

Les directeurs d'écoles normales sont nommés par le ministre, ainsi que les maîtres adjoints institués pour les seconder dans l'enseignement.

Une commission de cinq membres nommés pour trois ans par le recteur est chargée de contrôler la gestion du directeur, de préparer les listes des candidats admissibles, de rédiger le règlement particulier de l'école et d'examiner les comptes que lui présente chaque année le directeur.

Tous les ans, au mois de juillet, la commission de surveillance adresse au préfet, qui le soumet au conseil général, et au recteur, qui en envoie une expédition au ministre, le rapport du directeur concernant les élèves et la discipline. La commission ajoute à ce rapport les observations qu'elle a recueillies dans le courant de l'année par ses visites dans l'établissement et dans les classes. Quand le ministre, sur l'avis du conseil départemental, a déterminé le nombre de candidats qui peuvent être admis à l'école normale, la commission de surveillance dresse la liste de ceux qui auront rempli les conditions exigées, et c'est sur la présentation de cette liste que le préfet, en conseil départemental, prononce leur admissibilité.

SECTION II.

§ 1er.

Des écoles primaires publiques.

Toute commune doit entretenir une ou plusieurs écoles. La loi admet cependant des exceptions et donne le pouvoir au conseil départemental d'autoriser, en considération de leur pauvreté, deux communes à se réunir pour entretenir une seule école.

Un second principe est la division des enfants, d'après leur sexe et leur religion, dans les communes où les différents cultes sont professés publiquement ; mais ici encore le conseil départemental, éprouvant de trop grands obstacles pour l'établissement de toutes ces différentes écoles, peut autoriser le maintien des écoles primaires où sont admis des enfants appartenant à des sexes et à des cultes différents.

Quand le local fourni par la commune à l'instituteur n'est pas convenable à l'usage auquel il est destiné, le préfet, aidé de l'avis du recteur et du conseil municipal, fait exécuter les réparations que nécessite l'état des lieux, ou pourvoit à l'entretien de l'école par la location d'un autre local.

Dans les communes où l'établissement d'une école spéciale de filles est reconnu impossible et où le nombre des enfants qui reçoivent l'instruction primaire n'est pas au moins supérieure à quarante, l'école publique peut être dirigée par une institutrice choisie soit parmi les laïques, soit parmi les membres des associations religieuses régulièrement autorisées. Le brevet de capacité des laïques, contenant les matières de l'examen qu'elles ont subi, offre un moyen facile de s'éclairer sur leurs connaissances. Il n'en est pas de même des religieuses, qui obtiennent leur lettre d'obédience dans le sein des communautés, et il importe que le recteur s'adresse aux supérieures, afin qu'elles lui désignent celles des religieuses qui ont l'aptitude nécessaire pour donner aux garçons et aux filles l'instruction prescrite par la loi.

§ 2.

Instituteurs.

Pour pouvoir exercer la profession d'instituteur primaire public ou libre, il faut avoir l'âge de vingt-et-un ans et être muni d'un brevet de capacité.

Sont incapables de tenir école, les condamnés pour crime ou pour un délit contraire à la probité ou aux bonnes mœurs. Le brevet de capacité est délivré après un examen passé devant une commission de sept membres, nommés par le conseil départemental, et au nombre desquels se trouve un inspecteur d'arrondissement, un ministre du culte professé par le candidat et deux membres de l'enseignement public ou libre. Le candidat devra être âgé de dix-huit ans et remplir d'une manière satisfaisante les épreuves écrites et orales auxquelles on le soumettra. La commission, à la fin de la session, dresse la liste des candidats jugés dignes d'obtenir le brevet et la soumet au recteur, qui délivre, s'il y a lieu, le brevet de capacité.

§ 3.

Instituteurs publics.

La loi du 14 juin 1854, art. 8, confère aux préfets le droit de nommer les instituteurs publics. Outre les règles générales concernant ces fonctionnaires, l'instituteur public doit encore réunir des conditions particulières et est soumis à certaines incapacités.

Nul ne peut être nommé instituteur communal, qui n'ait dirigé pendant trois années au moins une école en qualité d'instituteur suppléant, ou qui n'ait exercé pendant trois ans, à partir de sa vingt-et-unième année, les fonctions d'instituteur adjoint.

L'instituteur ne pourra être ni maire, ni adjoint. La loi ne prohibe pas le cumul des fonctions d'instituteur avec celles de notaire et celles de ministre en exercice de l'un des cultes reconnus ; mais si dans ces cas l'incompatibilité n'a pas été prononcée par la loi, comme cependant il peut en résulter de graves inconvénients pour l'intérêt public, et qu'il est difficile qu'une même personne concilie des occupations si différentes, il importe vivement que les conseils départementaux n'accordent les autorisations demandées qu'avec la plus grande réserve.

Trois autorités, le maire, le préfet et le conseil départemental, ont chacun le droit de réprimer les actes des instituteurs publics, qui peuvent provoquer une mesure de rigueur. Ces moyens de répression sont la réprimande, la suspension avec ou sans privation de paiement, la révocation.

Le maire ne peut que suspendre provisoirement et est tenu d'en informer le préfet dans les deux jours. La révocation appartient aux préfets et aux conseils départementaux, et quand elle a été ordonnée par cette dernière autorité, l'instituteur ou le préfet peuvent en interjeter appel dans les dix jours, devant le conseil supérieur de l'instruction publique.

L'instituteur révoqué ne peut plus exercer la profession d'instituteur dans la même commune.

§ 4.

Des instituteurs suppléants et des instituteurs adjoints.

Les instituteurs suppléants sont soumis aux conditions exigées des instituteurs, qu'ils remplacent en cas de maladie ou d'absence.

Les instituteurs suppléants, nommés et révocables par l'instituteur en titre, peuvent n'avoir que dix-huit ans et ne sont pas tenus de produire le brevet de capacité. Les instituteurs adjoints sont toujours sous la surveillance de l'instituteur en titre, et ne sont jamais livrés à eux-mêmes, tandis que les instituteurs suppléants peuvent être chargés par le préfet de la direction de l'école publique d'une commune de moins de cinq cents âmes.

Le traitement des instituteurs communaux est de 600 francs, au paiement desquels la commune doit contribuer pour 200 francs au moins; le reste de la somme est produite par la rétribution scolaire à la charge des parents, et est comblé avec les fonds de l'État, au cas où cette rétribution n'atteindrait pas le chiffre de 400 francs.

Les instituteurs suppléants, divisés en deux classes, ont droit, suivant leur classe, à un traitement de 500 ou de 400 francs, formé, comme celui des instituteurs communaux, d'une somme de 200 fr., fournie par la commune, et d'un éventuel qui doit atteindre un certain chiffre.

SECTION III.

DES ÉCOLES LIBRES.

Les écoles libres sont celles qu'entretiennent des particuliers. Elles sont soumises à l'inspection de l'État pour ce qui concerne la morale et la salubrité, mais non en ce qui est relatif au système d'éducation et d'enseignement qu'on y emploie.

Tout Français réunissant les conditions imposées aux instituteurs, et qui veut ouvrir une école, doit en informer les autorités qui représentent à des titres divers les intérêts moraux de la société.

Le maire, le procureur impérial, le sous-préfet et l'inspecteur d'académie doivent chacun recevoir sa déclaration, qui, pendant un mois, sera affichée à la porte de la mairie. Le postulant doit y ajouter la désignation du local qu'il a choisi et l'indication des lieux qu'il a habités et de la profession qu'il a exercée pendant les dix années précédentes. Si, après l'accomplissement des formalités exigées, aucune des quatre autorités n'a formé opposition, dans le délai d'un mois l'école peut être ouverte.

L'instituteur libre, qui se sera rendu coupable d'une faute grave dans l'exercice de ses fonctions, peut être traduit, sur la plainte de l'inspecteur d'académie ou du procureur impérial, devant le conseil départemental, qui peut user contre lui de tous les degrés de répression, depuis la censure jusqu'à l'interdiction absolue.

SECTION IV.

Des écoles de filles.

Les écoles de filles, de même que les écoles de garçons, sont soumises, en ce qui concerne l'externat, à l'inspection de l'État. Le régime intérieur d'une école tenue par une institutrice laïque est soumis à la visite de dames déléguées par le recteur. Les écoles tenues par des associations religieuses sont inspectées par des ecclésiastiques nommés par le ministre de l'instruction publique.

SECTION V.

Pensionnats ouverts par des instituteurs publics ou libres.

L'instituteur public, de même que l'instituteur libre, qui veut ouvrir un pensionnat, est tenu d'en adresser la déclaration au maire, accompagnée de son acte de naissance, d'un certificat attestant qu'il a exercé pendant cinq ans dans un pensionnat primaire, du programme de son enseignement, du plan du local où la pension sera établie, de l'indication du nombre de pensionnaires qu'il veut recevoir.

Cette déclaration doit également être transmise au procureur impérial, au sous-préfet et à l'inspecteur de l'académie. Si aucune de ces autorités ne forme opposition à la demande de l'instituteur, le conseil départemental fixe le nombre des élèves que l'instituteur pourra recevoir.

SECTION VI.

Écoles d'adultes.

Ces écoles sont établies dans le but de faire participer aux avantages de l'enseignement primaire des hommes dont l'instruction a été négligée dans leur enfance, soit par suite de la mauvaise organisation de l'instruction primaire à cette époque, soit par suite de l'insouciance coupable de leurs parents.

SECTION VII.

Salles d'asile.

Les salles d'asile sont plutôt des établissements d'éducation qu'une institution charitable. L'enfant y reçoit les principes et les enseignements que sa mère devrait lui donner par son exemple et ses paroles.

Les salles d'asile se divisent en deux classes : les salles d'asile publiques, entretenues par les communes; les salles d'asile libres, entretenues par des particuliers.

Régies par le comité central de patronage, qui se trouve placé sous la protection de l'Impératrice et sous l'autorité du ministre, les salles d'asile sont en outre soumises aux autorités instituées par la loi du 15 mars 1850.

Vu par le soussigné président de l'acte public,

Strasbourg, le 11 août 1859.

THIERIET.

Permis d'imprimer :

Strasbourg, le 12 août 1859.

Le Recteur, DELCASSO.

www.ingramcontent.com/pod-product-compliance
Lightning Source LLC
Chambersburg PA
CBHW070748220326